Márcia Noêmia Guimarães
Ialê Falleiros

CB026840

Os diferentes TEMPOS e ESPAÇOS do HOMEM:

atividades de GEOGRAFIA e de HISTÓRIA para o Ensino Fundamental

2ª edição
1ª reimpressão

CORTEZ EDITORA

© 2005 by Márcia Noêmia Guimarães
Ialê Falleiros

© Direitos de publicação
CORTEZ EDITORA
Rua Monte Alegre, 1074 – Perdizes
05014-001 – São Paulo – SP
Tel.: (11) 3864-0111 Fax: (11) 3864-4290
cortez@cortezeditora.com.br
www.cortezeditora.com.br

Direção
José Xavier Cortez

Editor
Amir Piedade

Preparação
Regina Gimenez

Revisão
Alessandra Biral
Alexandre Ricardo da Cunha

Edição de arte
Mauricio Rindeika Seolin

Ilustrações
Luiz Gesini

Foto da capa
Crianças da Escola Viva de Cotia

Fotógrafo
Fábio Braga

Dados Internacionais de Catalogação na Publicação (CIP)
(Câmara Brasileira do Livro, SP, Brasil)

Guimarães, Márcia Noêmia
    Os diferentes tempos e espaços do homem: atividades de Geografia e de História para o Ensino Fundamental / Márcia Noêmia Guimarães, Ialê Falleiros. — 2. ed. — São Paulo: Cortez, 2006.

    Bibliografia.
    ISBN 978-85-249-1142-2

    1. Geografia (Ensino Fundamental) 2. Geografia (Ensino Fundamental) — Atividades e exercícios 3. História (Ensino Fundamental) 4. História (Ensino Fundamental) — Atividades e exercícios I. Título.

05-3896   CDD-372.891
                                    -372.89

Índices para catálogo sistemático:

1. Geografia: Ensino Fundamental   372.891
2. História: Ensino Fundamental   372.89

Impresso no Brasil — fevereiro de 2013

SUMÁRIO

Prefácio

Pode-se tomar como verdade a afirmação dos filósofos de que "o mundo é a nossa representação". Se a realidade que nos rodeia não vem das ideias, porque ela é tão real quanto o alimento que comemos, a roupa que vestimos e a casa que habitamos, o modo como ela está organizada, entretanto, vem de nós. É nossa intervenção que faz da realidade o que chamamos de mundo: este todo carregado de significados para nós, homens. Sem ideias não se constrói o mundo com consciência.

A representação é uma prova de que o mundo existe fora de nós, mas não independente no que é de nós. Por isto, conhecer o processo das representações e aprender a utilizar este conhecimento em benefício do homem é o que dá sentido à Geografia e à História que se ensina. E, assim, à escola enquanto espaço de experienciação do mundo em que se vive.

Significa tomar-se ao pé da letra uma outra afirmação, de igual valor filosófico que a primeira, que diz que "o homem é o sujeito e o objeto das suas próprias ações". Aprender a ser sujeito da história, adquirir a consciência do mundo como o ser-estar-do-homem-no-mundo e saber praticar esta consciência em prol da construção de um mundo cada vez mais humano, de modo que por meio de seus atos o homem o construa como um mundo cada vez mais para si mesmo, isto dá certo sobretudo quando se começa desde pequeno.

E é este o valor deste livro, escrito para os pequenos por Márcia Noêmia e Ialê Falleiros. Um texto feito com consciência para estimular o afloramento das consciências a partir justamente da idade em que em nós ela nasce mais forte, reconhecida, autônoma, percuciente. Pena que já estou grande!

Oxalá livros como este se multipliquem.

Ruy Moreira
Professor dos cursos de graduação e pós-graduação
(mestrado e doutorado) em Geografia da UFF

Introdução

Em que região do Brasil se localiza o rio Amazonas? Em que serra se encontra o ponto mais alto do Brasil? Qual a capital de Mato Grosso? Qual é o país mais populoso do mundo? Quem descobriu o Brasil e o que foram as capitanias hereditárias? Se perguntarmos a muitos professores e professoras de norte a sul e de leste a oeste do Brasil o que essas frases lembram, a maioria responderá que elas fazem lembrar as aulas de História e de Geografia das primeiras séries.

No entanto, podemos indagar: será que ficamos mais sabidos quando aprendemos somente dessa maneira, isto é, retendo na memória um monte de informações, como se nossa cabeça pudesse ser igual a uma enciclopédia? Será que não existe uma forma mais interessante de aprender História e Geografia? Ou seja, que prenda a atenção das crianças e dos jovens aguçando a curiosidade e o espírito investigativo? Sobretudo, que os ajude a pensar o mundo que os cerca, a pensar o outro, o bem público, os lugares em que vivem e as diferenças entre todos esses elementos?

Provavelmente, sim. Mas, de todo modo, essa forma de se inteirar com o mundo ao redor vai depender muito da maneira como nós, professores, apresentamos esses conhecimentos. Além disso, é importante nos perguntarmos para que ensinar e o que ensinar em História e Geografia.

Para as séries iniciais, existem diversas propostas curriculares, inclusive as que constam dos Parâmetros Curriculares Nacionais (PCNs), que apontam para uma proposta de conteúdos e procedimentos.

Decerto é importante sublinhar que o conteúdo não deve ser prioritário no processo de construção do conhecimento. Há que se considerar tantos outros elementos, como os conhecimentos dos alunos, o método (como ensinar) – isto se se considerar possível usar método para alguém aprender – e a avaliação. Contudo, em se tratando da relação professor-aluno-escola, é necessário que sejam tomados como ponto de partida alguns conhecimentos estabelecidos (conteúdos), que auxiliam na ampliação da visão de mundo.

Como em uma colcha de retalhos, o conteúdo é o próprio retalho e o processo de costura e alinhavo desses pedaços é uma construção que cada um poderá fazer escolhendo e adequando seus retalhos aos retalhos do professor e aos de todo o grupo, para que de modo oportuno possa "utilizar" tais saberes e fazeres em seu dia a dia.

Os conteúdos estão nos livros, nas revistas, nos mapas, nas teses etc. E o modo de fazer, onde está? Muitos de nós ainda necessitamos de sugestões de atividades cujo objetivo seja o de "ensinar" o conteúdo, mas também "montar" a colcha de retalhos.

Pensando dessa maneira, nós, professoras de História e Geografia, resolvemos registrar neste livro nossas experiências com fazeres (oficinas) que deram certo. Contudo, para que este livro não se torne um manual de ensino de História e Geografia para as séries iniciais do Ensino Fundamental, recomendamos que a partir de nossas sugestões você, caro(a) colega, construa com os seus alunos muitas outras maneiras de saber e fazer a História e a Geografia.

Nosso objetivo é o de integrar e contextualizar as disciplinas História e Geografia, a fim de propor a você professor(a) de 1ª a 4ª série do Ensino Fundamental alguns elementos para trabalhar a reflexão e o raciocínio crítico de seus alunos por meio de atividades voltadas ao desenvolvimento cognitivo, afetivo, motor, do equilíbrio, da autonomia e da capacidade de socialização.

Atividade 1
Duas cores no espaço

Esta atividade auxilia:

- a socialização;
- o trabalho coletivo e sua organização;
- a necessidade das regras.

Procedimento:

- corte fitinhas de duas cores (uma cor para cada metade da turma);
- coloque-as em uma caixa;
- peça que os alunos retirem uma fita da caixa;
- pregue as fitas na blusa dos alunos com um adesivo;
- leve-os para o pátio;
- desenhe um quadrado grande no chão;
- peça que entrem nesse quadrado;
- peça para se organizarem, utilizando as cores de 5 (cinco) modos diferentes;
- discuta com os alunos sobre as facilidades ou dificuldades dessa organização.

Atividade 2
O espaço deve ser organizado

Esta atividade auxilia:

- a construção e sondagem das primeiras noções espaciais;
- a socialização;
- o desenvolvimento de noções espaciais mais complexas.

Procedimento:

- no quadrado feito na atividade anterior, peça que os alunos se mantenham juntos;
- peça depois que se organizem em ordem ou sucessão;
- agora, peça para os alunos se organizarem em forma de vizinhança (alternando cores), depois em forma de envolvimento (cercar) e finalmente em forma de interseção (formando uma cruz).

Primeiras noções espaciais: são as relações de *vizinhança* (ao lado), *separação, ordem ou sucessão, continuidade, envolvimento* (cercar) *e reversibilidade* (volta ao ponto de partida); *em cima, embaixo; direita, esquerda (lateralidade); interseção* (encontro de dois pontos).

Atividade 3
Cumprimento e saudação

Esta atividade auxilia:

• o desenvolvimento da lateralidade;
• a descontração do grupo;
• a integração do grupo.

Procedimento:

• peça para os alunos formarem pares;
• peça para os alunos se cumprimentarem com as mãos;
• agora, peça para fazerem o cumprimento: mão direita/mão esquerda; depois, cotovelo esquerdo/cotovelo esquerdo; depois, pé esquerdo/pé esquerdo;
bumbum com bumbum; joelho esquerdo/joelho direito; cabeça/cabeça.

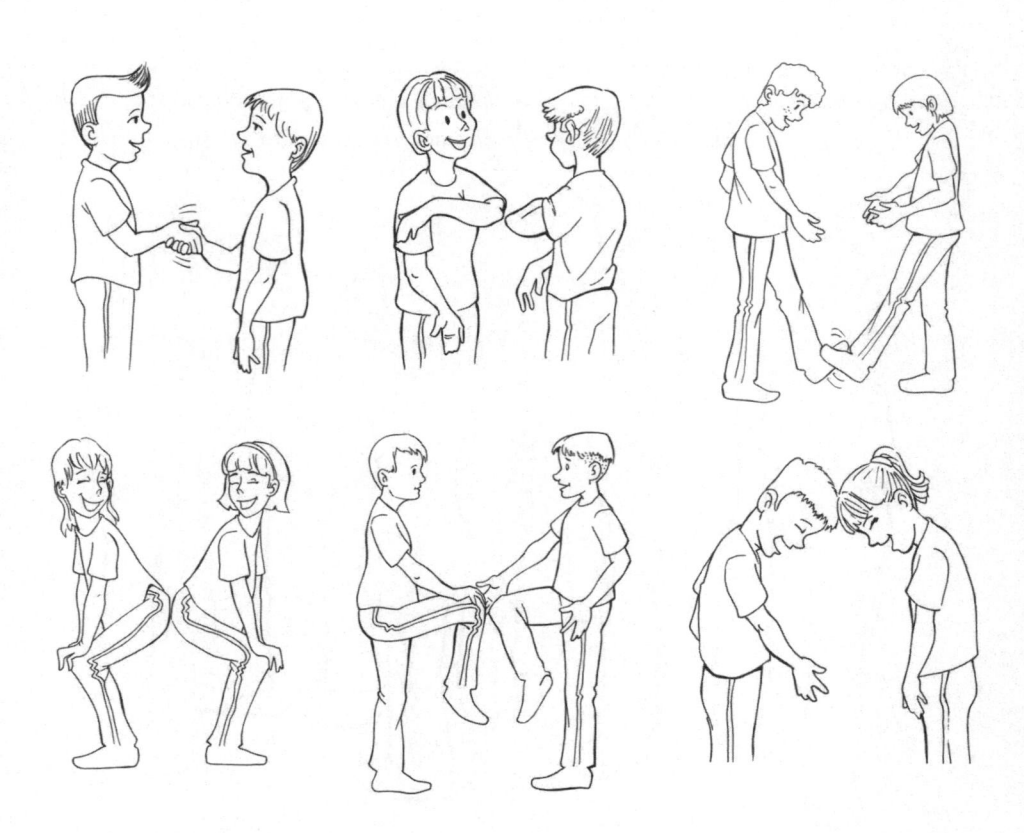

Atividade 4
Brincando com o rabo do burro

Esta atividade auxilia:

• a ampliação do conhecimento de lateralidade;
• a socialização.

Você vai precisar de:

• papelão;
• tesoura;
• cola;
• barbante.

Procedimento:

• desenhe um burro visto de lado em um papelão;
• faça um furo no local do rabo;
• confeccione o rabo do burro com barbante ou outro material;
• divida a turma em grupos;
• cada grupo deverá escolher um aluno para colocar o rabo no burro;
• cubra os olhos do aluno com um lenço;
• dê algumas voltas com este aluno pela sala e coloque-o num ponto distante do burro;
• as outras crianças do grupo deverão ajudar o amigo, indicando qual a direção certa a ser seguida para o rabo ser colocado, usando somente estas expressões: 'mais para frente', 'mais para trás', 'mais para cima', 'mais para baixo', 'mais para a esquerda', 'mais para a direita'.

Atividade 5
Brincando de macaca

Esta atividade auxilia:

- a construção de diferentes relações espaciais em uma figura;
- o espírito de cooperação;
- a integração do grupo.

Procedimento:

- desenhe a figura da macaca no chão do pátio (se a turma for grande, desenhe mais de uma macaca);

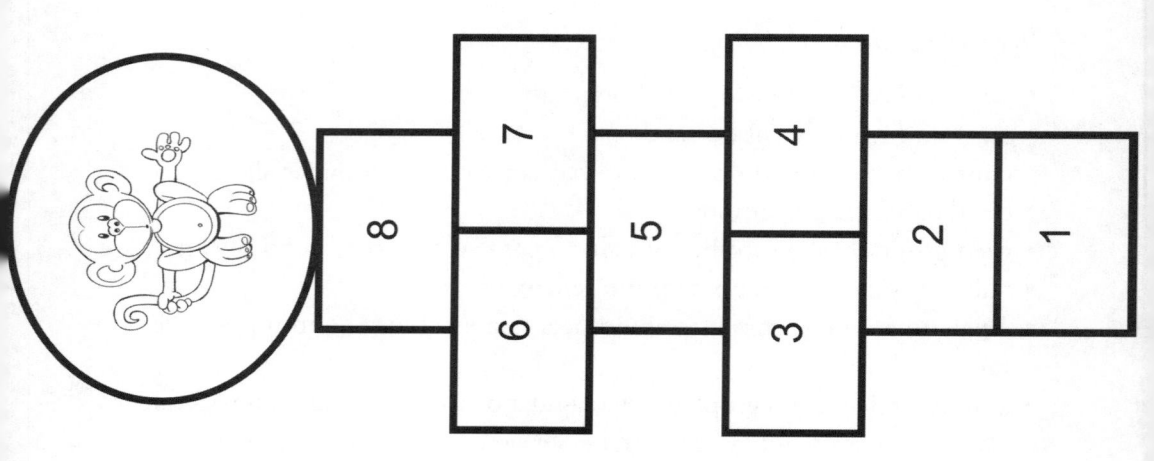

- divida a turma em quatro grupos;
- escreva em quatro papeizinhos: 'casas vizinhas', 'casas separadas', 'casas à esquerda', e 'casas à direita';
- peça para cada grupo sortear um papelzinho e guardar segredo;
- peça para o grupo escolher um líder para começar o jogo;
- peça para o grupo escolher um objeto (pedaço de madeira leve, casca de banana etc.) para jogar nas casas numeradas;
- o líder do grupo deverá jogar o objeto escolhido dentro da casa 1 e começar a brincadeira.

Regras da brincadeira:

- se o objeto cair fora da casa, o grupo perde a vez e dá a chance a outro grupo iniciar a brincadeira;
- o aluno deverá percorrer a macaca pulando com um pé só e somente deverá abrir as pernas quando for uma casa dupla (casas 3 e 4, 6 e 7);
- na lua pode-se descansar e usar os dois pés. Caso contrário, sai da brincadeira e deverá dar vez a outro grupo;
- se o aluno cair, pisar na linha ou mesmo desmarcá-la com as mãos, está fora da brincadeira, dando vez a outro grupo;
- o grupo só pode escolher uma casa sem "dono";
- ao retornar, o aluno deverá pegar o objeto que jogou no início;
- a cada acerto, escolhe-se uma casa. Essa escolha deve levar em consideração o papelzinho sorteado;
- os outros grupos não poderão pisar na casa já conquistada, a não ser que os donos da casa deem o devido consentimento;
- o grupo vencedor será aquele com mais casas conquistadas;
- o grupo pode trocar de líder quando quiser.

> Esta atividade é uma variação da brincadeira da amarelinha.
> A brincadeira da macaca é originária de alguns Estados
> da Região Nordeste do Brasil.

Localizando os objetos no quarto da Tita

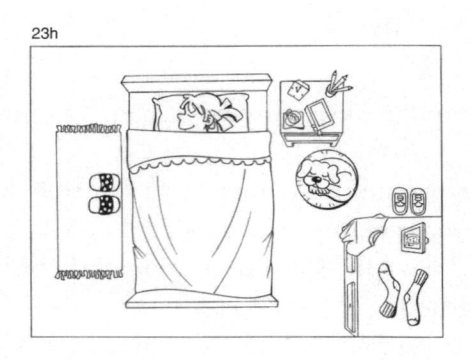
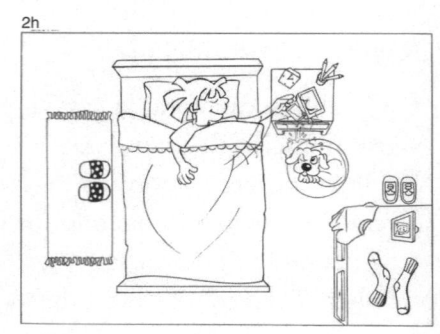
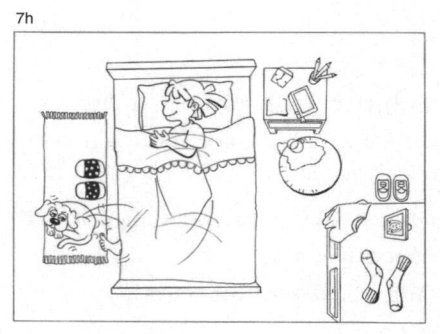
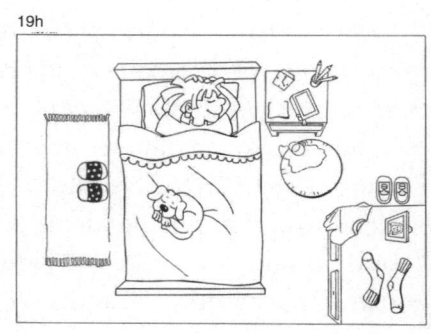

Esta atividade auxilia:

- o exercício da representação;
- o exercício da visão de cima;
- o desenvolvimento da lateralidade.

Procedimento:

- amplie ou reproduza o desenho do quarto da Tita;
- pergunte aos alunos de que modo estamos vendo o quarto (de lado, inclinado ou de cima?);
- peça para descreverem os objetos que estão à direita e à esquerda da Tita no momento 23h e no momento 7h;
- agora, as crianças deverão descrever os objetos que estão à esquerda e à direita da camiseta no último quadrinho no momento 19h.

Atividade 7
Fazendo uma maquete da sala de aula

Esta atividade auxilia:

- a representação;
- a criatividade;
- a ampliação do conhecimento da visão de cima e de lado (oblíqua).

Você vai precisar de:

- diversos tipos de sucata (caixas de fósforo, tampas de garrafa etc.);
- caixa de papelão;
- tesoura;
- cola.

> Maquetes são construções em miniatura usadas para representar objetos ou elementos de um lugar. As maquetes são representações tridimensionais (comprimento, altura, largura).

Procedimento:

- peça para os alunos observarem com atenção a posição dos objetos na sala de aula;
- comece a montagem da maquete da sala de aula com as sucatas trazidas pelos alunos (determinem os quadrantes na maquete: o que é esquerda/direita e frente/atrás);
- peça para observarem a maquete de lado e de cima (se houver possibilidade, tirem uma foto de lado e de cima da maquete).

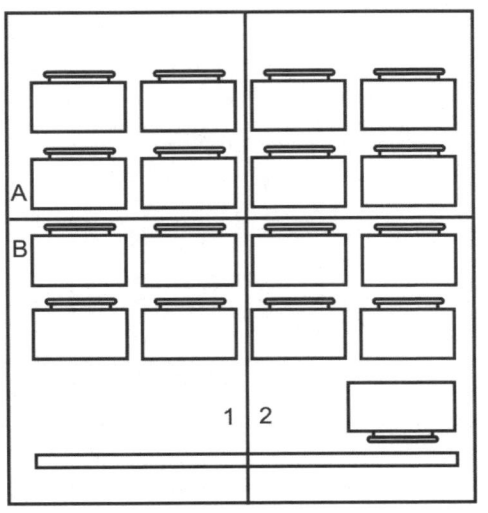
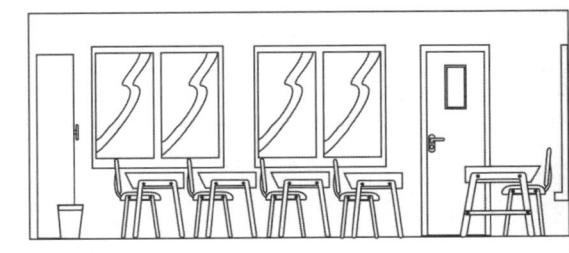

O desenho da sala de aula

Maquete, Desenho e Localização

Esta atividade auxilia:

• a criatividade;
• o desenvolvimento da visão oblíqua (de lado) e de cima.

Procedimento:

• feita a maquete, forneça um papel sem pauta para cada criança e peça para fazerem o desenho da sala de aula vista de cima;
• peça para os alunos colocarem no desenho sua posição e a de todos os seus colegas na sala de aula.

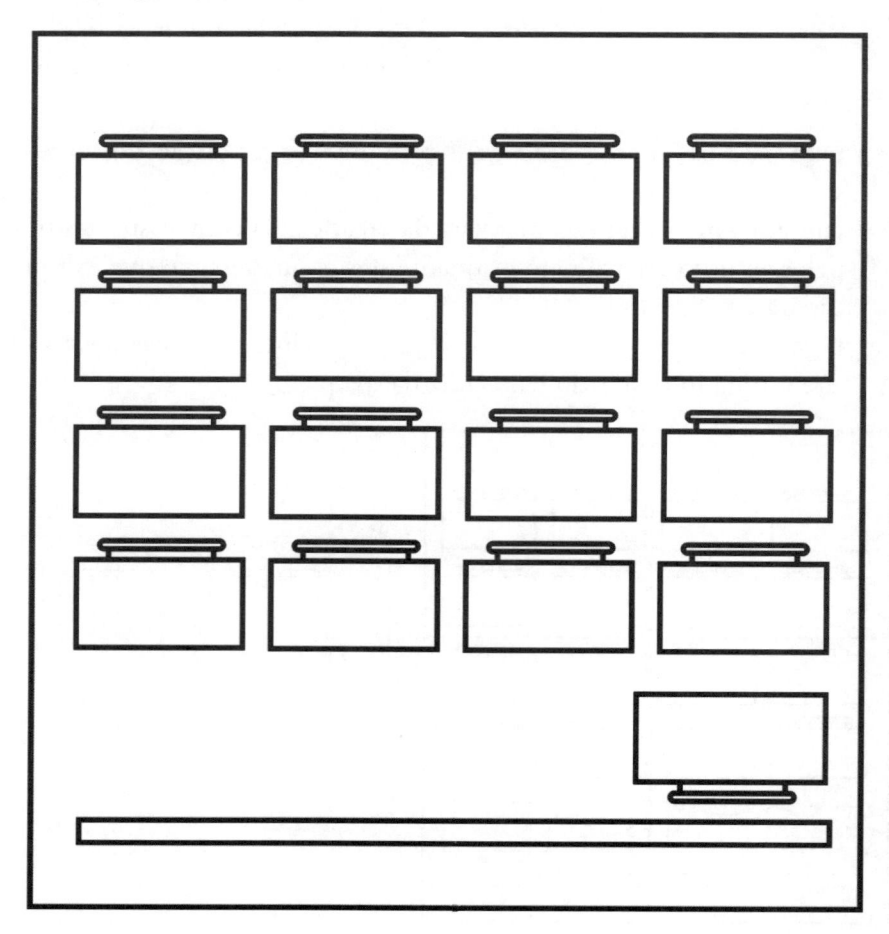

Atividade 9
Tabela da posição dos alunos na sala de aula

1A	2B	3C	4D

Esta atividade auxilia:

- a representação;
- exercícios de localização em uma tabela.

Procedimento:

- faça um quadrante com um barbante na sala de aula, conforme o desenho da atividade 8;
- desenhe na lousa a tabela acima, colocando o nome dos alunos do lado de fora da tabela;
- peça para os alunos localizarem seus lugares na tabela.

Maquete, Desenho e Localização

Um passeio pelos arredores da escola

- saia com as crianças pelos arredores da escola (andem dois quarteirões de cada lado);
- peça para observarem atentamente os edifícios, a vegetação e outros elementos do lugar;
- peça que anotem os nomes das ruas em que estão passando;
- ao voltar para a sala de aula, peça que façam um desenho (visto de cima) das ruas por onde passaram, colocando o nome dessas ruas e localizando as coisas encontradas no caminho, inclusive a escola, por meio de um símbolo.

> Símbolo é um elemento gráfico utilizado para representar objetos, lugares, pessoas etc. de forma simplificada.

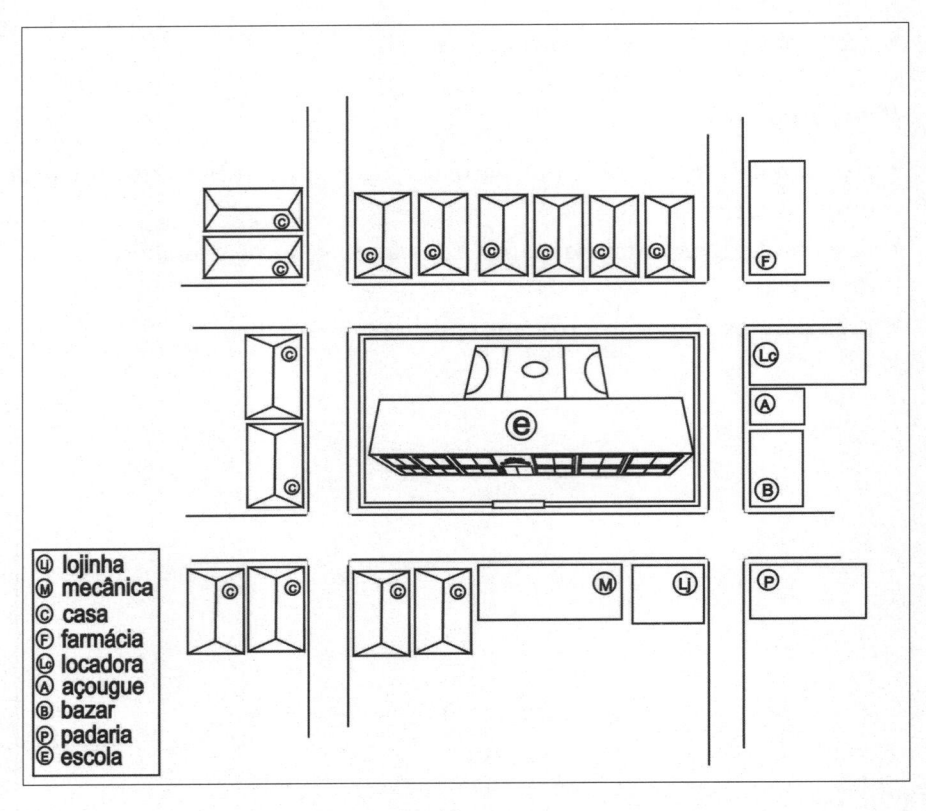

Ⓛ lojinha
Ⓜ mecânica
Ⓒ casa
Ⓕ farmácia
Ⓛᶜ locadora
Ⓐ açougue
Ⓑ bazar
Ⓟ padaria
Ⓔ escola

Atividade 11
A maquete dos arredores da escola

Esta atividade auxilia:

- a criatividade;
- a ampliação da visão de cima de lugares de maior extensão;
- a localização dos elementos geográficos no espaço.

Você vai precisar de:

- confeccionar materiais em cartolina para fazer a maquete;
- tesoura;
- cola;
- lápis de cor.

Procedimento:

- partindo do desenho da escola e seus arredores, comecem a confeccionar a maquete posicionando adequadamente os elementos do espaço geográfico encontrados no caminho.

Localizando as coisas no espaço

Esta atividade auxilia:

- a construção de noções espaciais em uma figura plana;
- a localização dos objetos a partir de diferentes pontos de vista.

Você vai precisar de:

- cartolinas brancas;
- réguas;
- 12 gravuras pequenas para cada grupo (podem ser de animais, pessoas, objetos etc.).

Procedimento:

- divida a turma em seis grupos (cada grupo deverá ter a sua cartolina para realizar a atividade);
- peça para os alunos traçarem linhas horizontais e verticais com 10 cm de distância entre elas;
- peça para colarem as gravuras em alguns pontos, ou seja, na interseção entre a linha vertical e a horizontal;
- peça para escolherem duas gravuras;
- na primeira gravura escolhida, peça para identificarem – escrevendo no caderno – as que estão acima e abaixo; à esquerda e à direita;
- peça para os alunos procederem da mesma forma com a segunda gravura escolhida;
- discuta com os alunos que a localização dos objetos vai depender do ponto de vista de onde se está partindo.

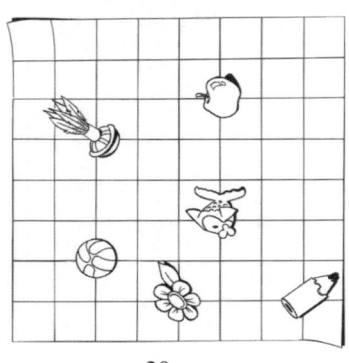

Atividade 13
Localizando as coisas a partir de um ponto

Você vai precisar utilizar o cartaz confeccionado na atividade anterior.

Procedimento:

- distribua o cartaz elaborado para os grupos;
- peça para colocarem letras maiúsculas no final de cada linha horizontal (A, B, C, D, E, F, G...) e no lado direito;
- peça para colocarem números (1, 2, 3, 4, 5, 6, 7...) no final de cada linha vertical e embaixo;
- peça para escolherem seis gravuras;
- peça que deem a localização das gravuras utilizando a interseção entre as linhas horizontais e verticais.

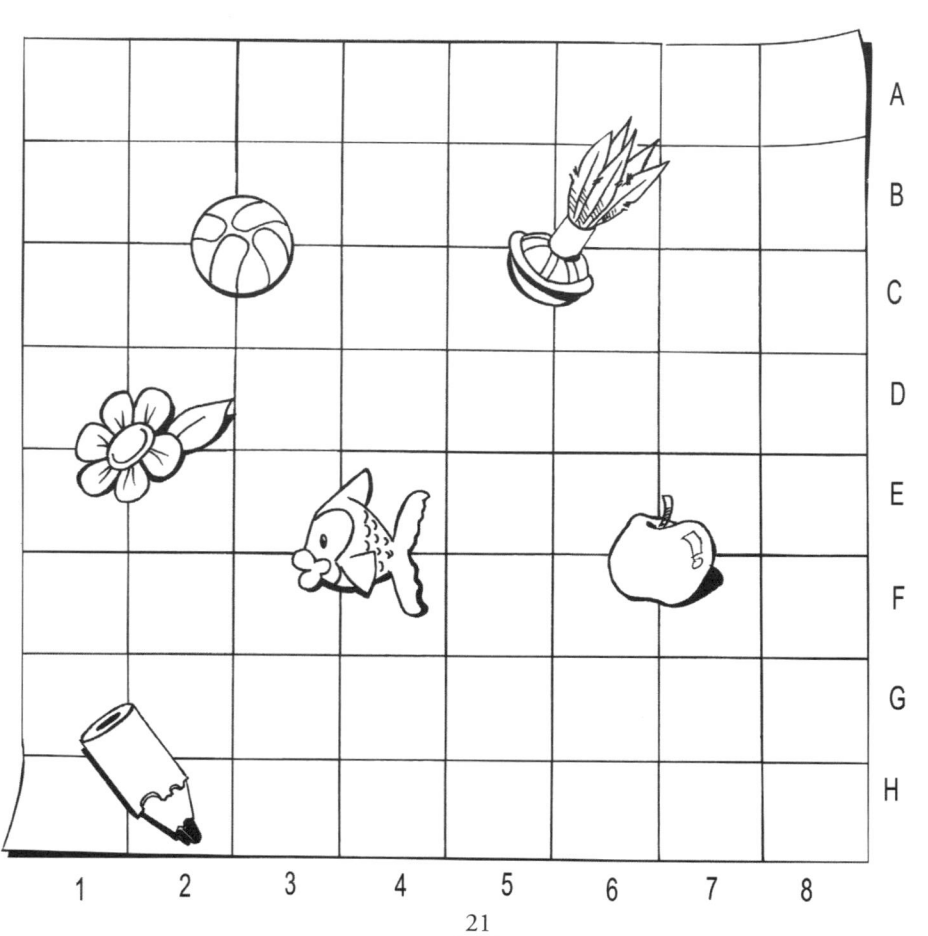

> Nesta seção vamos iniciar o estudo da localização a partir dos referenciais leste/oeste e norte/sul. É necessário que as crianças estejam com as noções de lateralidade bem desenvolvidas. Recomendamos as próximas atividades a partir do segundo ciclo do Ensino Fundamental (3ª e 4ª séries).

Atividade 14
Os meios de orientação

Esta atividade auxilia:

• a importância da orientação espacial;
• o desenvolvimento da noção de orientação;
• a diferença cultural no desenvolvimento da noção de orientação.

Procedimento:

• pergunte para os alunos que vêm a pé e sozinhos para a escola: "Como vocês fazem para não se perder?";
• peça para eles apresentarem os pontos de referência utilizados em sua orientação no caminho para a escola;
• leia com seus alunos o texto abaixo;
• peça para os alunos fazerem um quadro comparativo dos meios de orientação utilizados pelos kaxinawá e por nós;
• peça que marquem um X ao lado daquele que é comum a nós e aos kaxinawá;
• discuta com os alunos as diferentes formas de orientação, mas o "movimento" do Sol é universal.

Os meios de orientação: Sol e água

Nós, índios, aprendemos desde cedo com os nossos pais a nos orientar na mata pelo Sol e pela água dos rios e igarapés. Quando nós vamos caçar, nos orientamos pelo Sol – pelo nascente do Sol e pelo poente do Sol. Sabendo que a nossa casa fica na direção do poente, já fica difícil nos perdermos na mata, pois marcamos a direção em que o Sol se põe para caminharmos.

Nas nossas aldeias, quem conhece mais os meios de orientação são os mais velhos. Dependendo do seringal em que eles moram e da colocação, eles sabem onde existem mais caças, o que facilita caçar mais rápido. Os velhos sabem os nomes dos igarapés e onde nascem e póem suas águas em outros igarapés maiores.

Na demarcação de nossas terras, foram os velhos que acompanharam a equipe de trabalho para afirmar que o divisor da terra era por ali mesmo. Pois os velhos são mais sabidos que os novos. Já viveram muito tempo naquele seringal ou aldeia. São eles que carregam todo o conhecimento de nossas terras.

Joaquim Mana Kaxinawá

Construindo um gnômon

Esta atividade auxilia:

- a habilidade motora;
- os conhecimentos sobre o movimento aparente do Sol.

Procedimento:

- escolha um local que tenha o piso nivelado e receba diretamente a luz do Sol pelo menos das 10 às 15 horas (no horário de verão, a atividade deverá ser realizada uma hora mais tarde);
- finque uma pequena vareta de mais ou menos 25 cm de comprimento no chão (figura a);
- faça um pequeno furo no centro de uma cartolina branca e passe pela vareta (tenha cuidado para ela ficar bem ajustada). Se o Sol estiver iluminando, a vareta irá produzir uma sombra;
- enlace a vara com um barbante e prenda algo que possa riscar a cartolina (é preciso ter muito cuidado para não mexer a vareta do lugar);
- faça uma marca na ponta – marca A (figura b) – e depois trace um círculo partindo da marca e tomando como centro o ponto onde a vareta estiver enterrada (ponto I);
- espere de 30 a 50 minutos e repare que a sombra estará em outra posição;
- repita a marcação e o círculo (figura c). Esta será a marca B;
- depois do meio-dia a ponta da sombra irá atingir os círculos novamente;
- quando a ponta da sombra tocar cada círculo, faça novas marcas como mostram as figuras (d) e (e).

> Segundo o *Dicionário Aurélio*, um gnômon é um ponteiro ou outro instrumento que marca a altura do Sol pela direção da sombra; é um relógio solar. Esta atividade deverá ser feita com o auxílio do professor.

Orientação

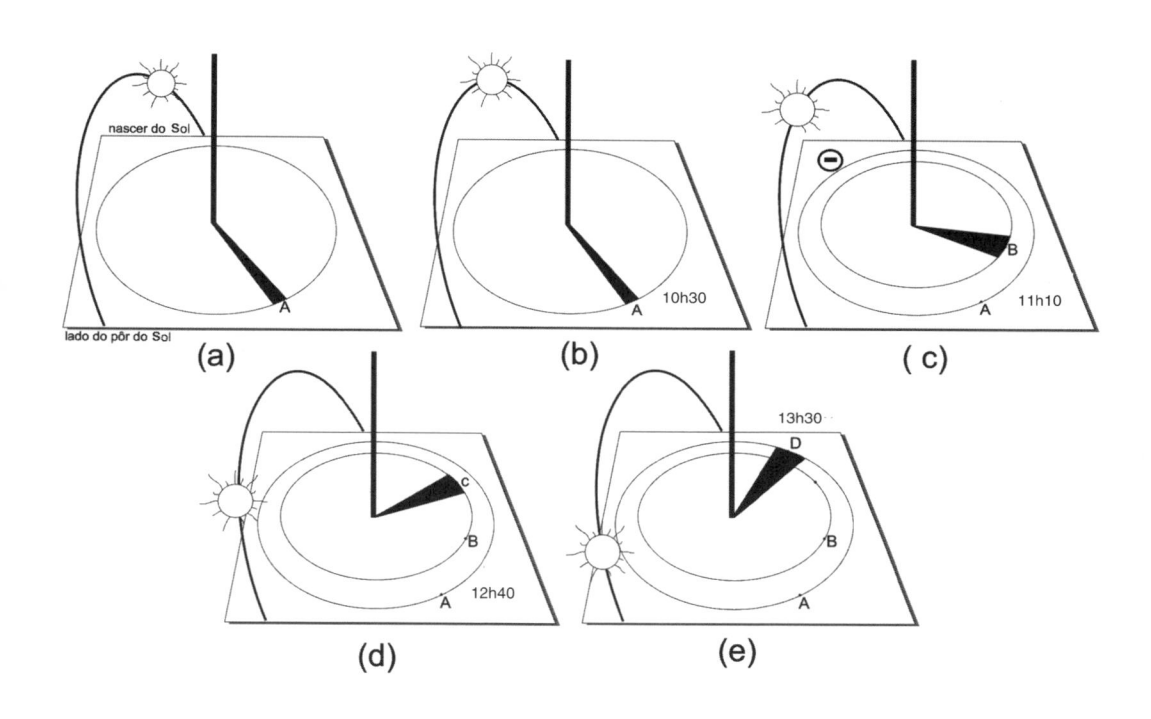

(a)   (b)   (c)

(d)   (e)

Atenção: É preciso ter cuidado com a exposição prolongada ao Sol entre 10 e 15 horas. Evitem olhar diretamente para o Sol e procurem passar filtro solar para se protegerem das radiações solares.

Orientação

Atividade 16

Encontrando os pontos cardeais por meio do gnômon

Esta atividade auxilia:

- as noções de Sol nascente e poente.

Procedimento:

- localize o lado leste e o oeste, onde o Sol nasce e se põe, e encontre os pontos norte e sul.
- ligue os pontos A ao D e B ao C, formando duas retas;
- ache o meio dessas retas e marque os pontos M e N;
- trace uma reta que liga o ponto I (centro da vara) ao ponto M e outra do ponto I ao ponto N;
- se essas retas (IM e IN) coincidirem, não se cometeram erros, e essa é a direção norte-sul;
- caso elas não coincidam, é necessário traçar uma reta que saia do ponto I e passe entre as retas IM e IN. Essa nova reta será a direção norte-sul;
- a reta AB é a direção leste-oeste. O leste está do lado do nascer do Sol, mas dificilmente estará onde o Sol precisamente nasceu;
- peça para as crianças observarem atentamente o que está oposto ao leste;
- marque os pontos cardeais sobre as retas que foram traçadas. Faça as marcas dos pontos cardeais e de suas retas usando uma caneta de tinta durável e apague as circunferências e marcas auxiliares.

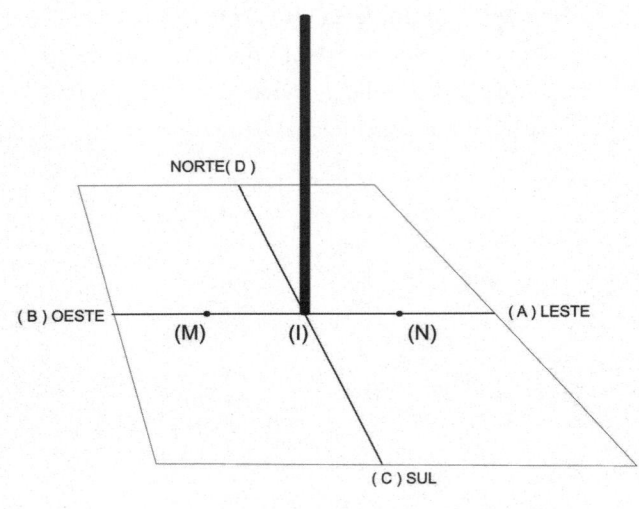

Atividade 17
Orientando-se

Esta atividade auxilia:

- a construção das noções de pontos cardeais;
- a orientação e localização.

Procedimento:

- peça agora para as crianças apontarem o braço direito para o local onde o Sol nasce. Lá será o leste;
- pergunte aos alunos para onde o braço esquerdo aponta (o oeste);
- pergunte o que teremos à frente (norte) e atrás (sul);
- fale para os alunos que o norte, o sul, o leste e o oeste são chamados de pontos cardeais.

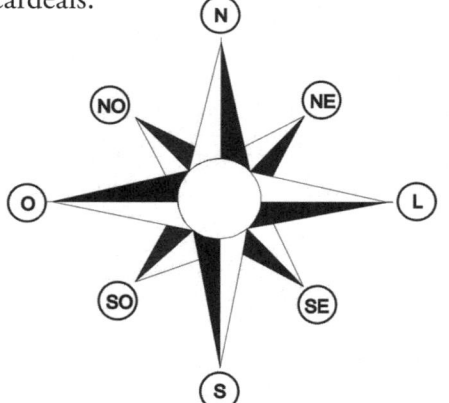

> Observem que a rosa dos ventos além de trazer as direções cardeais; Norte, Sul, Leste e Oeste (N, S, L e O), traz também as direções colaterais: Nordeste, Sudeste, Sudoeste e Noroeste (NE, SE, SO e NO).

Orientação

É muito importante fazer a distinção entre ponto cardeal leste e oeste do lugar onde o Sol nasce e se põe. O lado do Sol nascente é o leste e o lado do Sol poente é o oeste. Os pontos onde o Sol nasce e se põe vão variar durante o ano. Dependendo da época do ano, a diferença entre o nascente (ponto onde o Sol nasceu) e o leste verdadeiro é grande.

Para se determinar os pontos situados no campo visual de um observador, o horizonte foi dividido em quatro direções chamadas pontos cardeais: Norte (N), Sul (L), Leste (L) e Oeste (O). — O norte e o Sul são dirigidos para os dois polos da Terra, o Norte no alto e o Sul embaixo. O Leste e o Oeste, representados nas bússolas por E (East) e W (West), respectivamente, indicam o Oriente e o Ocidente, onde o Sol nasce e se põe.

Os quatro pontos cardeais são divididos em quatro pontos colaterais:

Nordeste (NE), entre o Norte e o Leste. — Noroeste (NO), entre o Norte e o Oeste. — Sudeste (SE), entre o Sul e o Leste. — Sudoeste (SO), entre o Sul e o Oeste.

Construindo uma rosa dos rumos

Esta atividade auxilia:

- a coordenação motora;
- a criatividade;
- a ampliação do conhecimento sobre os pontos cardeais.

Procedimento:

- peça para os alunos cortarem quatro tiras de papel (cartolina branca) com mais ou menos 5 cm de comprimento e 1 cm de largura;
- peça que escrevam em cada tira as palavras 'norte', 'sul', 'leste' e 'oeste';
- peça que cortem quatro triângulos pequenos (a cor do papel do triângulo deverá ser diferente da cor das tiras);
- peça para colarem os triângulos nas extremidades de cada tira;
- peça para pegarem duas tiras e colá-las formando uma cruz;
- depois peça para colarem as outras duas tiras de forma transversal;
- a rosa dos rumos ou rosa dos ventos está pronta (cada aluno deverá ter a sua).

O termo "rosa" vem da aparência dos pontos cardeais da bússola que lembram as pétalas dessa flor. Originalmente era usada para indicar as direções dos ventos. Os pontos da bússola se originaram das direções dos ventos – secundários e complementares.

Na idade média, eles tinham seus nomes geralmente iguais aos países mediterrâneos por onde eles passavam como: tramontana (vento N), greco (vento NE), levante (vento L), *siroco* (vento SE), ostro (vento S) *libeccio* (vento SO), ponente (vento O) e maestro (vento NO). Nas cartas portulanas – antigos mapas de navegação marítima que indicavam linhas de rumos – podem-se ver as iniciais destes ventos (T, G, L, S, O, L, P, M) na ponta das pétalas. Nas primeiras cartas o norte era marcado por uma ponta de seta, acima da letra T, de tramontana. O símbolo evoluiu para uma flor-de-lis, na época de Colombo, e foi visto principalmente nos mapas portugueses.

Adaptado de Bill Thoen, traduzido por Márcia Siqueira de Carvalho

Orientação

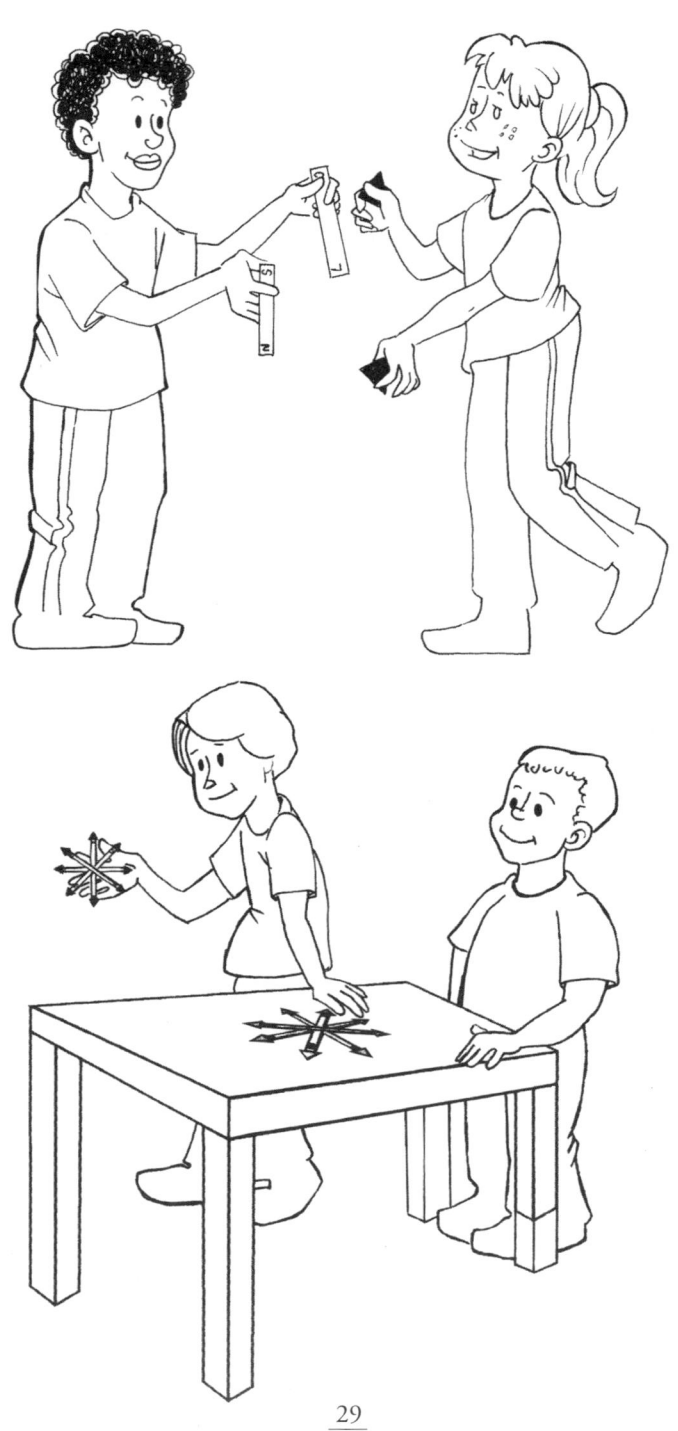

Orientação

Atividade 19
Quebra-cabeça do corpo

Esta atividade auxilia:

- a reflexão sobre diferentes formas de medir o tempo;
- a sociabilidade;
- a coordenação motora.

Procedimento:

- divida os alunos em grupos de quatro pessoas;
- peça com antecedência para cada grupo trazer duas garrafas plásticas transparentes pequenas de refrigerante do mesmo tamanho, um copo de areia, fita adesiva, um pedaço de papelão um pouco maior que o bico das garrafas e tesoura;
- peça que cada grupo coloque a areia no interior de uma das garrafas;
- em seguida, peça que façam um furo pequeno no pedaço de papelão que trouxeram;
- peça para colarem com a fita adesiva o papelão sobre o bico da garrafa com a areia;
- finalmente, peça-lhes para encaixarem o bico da garrafa vazia no papelão colado à garrafa com areia e colarem com a fita adesiva as duas garrafas pelo bico;
- você pode pedir que eles virem suas ampulhetas de cabeça para baixo para cronometrar o tempo que a areia leva para passar de uma garrafa a outra.

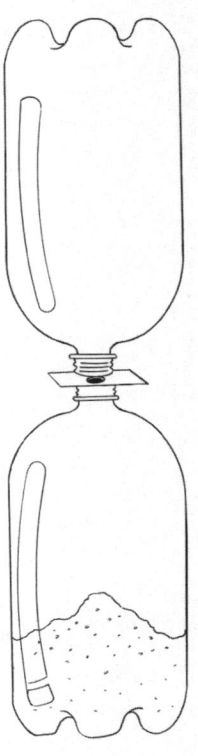

Atividade 20
Álbum do corpo

Esta atividade auxilia:

- a compreensão da utilidade do instrumento por eles construído para medir o tempo;
- a sociabilidade;
- a coordenação motora.

Procedimento:

- escreva alguns nomes de filmes ou de músicas em pedaços de cartolina e coloque-os em uma sacola vedada (o número de cartelas deve ser igual ao número de grupos presentes na classe);
- um representante de cada grupo por vez deve retirar uma cartela e, sem dizer uma palavra, fazer uma representação através de mímica da música ou do filme sorteado;
- o tempo para a brincadeira é dado pela ampulheta criada pelos alunos (escolha uma delas e use-a para todos os grupos);
- quando a areia acabar, o grupo não tem mais a chance de adivinhar qual é a música ou o filme representado.

Você pode pedir que os alunos pesquisem o surgimento da ampulheta no Egito Antigo.

O Tempo

31

Atividade 21
Uma outra forma de sentir o tempo

Esta atividade auxilia:

- a percepção de que os homens constroem a ideia de tempo conforme suas necessidades;
- o conhecimento de que há diferentes formas de sentir, pensar e medir o tempo;
- a reflexão de que diferentes culturas contam a passagem do tempo de modo diferente.

Procedimento:

- leia com os alunos a história a seguir;
- peça a seguir para eles fazerem um desenho que represente a história lida. É importante que eles representem corretamente o que veio antes e o que veio depois na história;
- você pode propor que façam uma história em quadrinhos;
- ao final da atividade, cole os desenhos num painel na classe.

A primeira caçada de Apoé

Está escuro, mas eu não estou com sono. Quero é pular de alegria!!! Tudo isso porque, pela primeira vez na minha vida, meu pai disse que poderei ir com ele e os outros homens caçar capivara quando o Sol vier.

Fecho os olhos, mas demora muito para amanhecer. Levanto correndo, vou na direção do rio e pulo na água:

– Ah!!! Está gelada!!!

Todo mundo está tomando banho, mas as mulheres vão saindo antes da água para preparar a tapioca dos caçadores. Minha mãe chama:

– Apoé!!!

Eu vou quieto me alimentar. Estou todo tremendo, mas não é de frio, não! É de animação!!! Pego meu arco e minhas flechas e sigo ao lado do papai para a mata. Ele diz que meus ouvidos devem aprender todos os sons dos bichos e das águas: se o canto agudo na árvore logo acima de nossas cabeças é de um sabiá ou de uma maritaca, se o barulho que vem lá de longe é de um rio ou de uma cachoeira.

Eu fecho os olhos para o som ficar mais nítido. Papai me dá um cutucão e, rapidamente, preparo o arco: é a capivara que está ali, pronta para virar o alimento que dará prazer e energia a toda a aldeia...

Todos fazem sinal para eu ficar quieto:

– Psiu!

Tudo é silencioso agora. Fico cansado de tanto esperar. Estou assustado. Não quero mais caçar a capivara.

Devagarinho, ponho o arco no chão e vou caminhando na direção do riacho, onde sei que meus amigos estão brincando.

Fico com eles procurando pedras coloridas, subindo nos galhos mais altos da mangueira, imitando passarinho, e o tempo voa.

O Sol já começa a desaparecer e tudo escurece. Minha barriga começa a doer pedindo comida e todos decidimos ir para casa.

Lá chegando, sinto um cheiro maravilhoso e meu nariz adivinha: mamãe fez canjica!

Saio em disparada e, de tão feliz, dou-lhe um abraço antes de sentar para comer.

33

Comparando os tempos

Esta atividade auxilia:

- a percepção de que os homens constroem a ideia de tempo conforme suas necessidades;
- o conhecimento de que há diferentes formas de sentir, pensar e medir o tempo;
- a comparação entre o modo de viver em que o aluno está inserido e o dos povos indígenas.

Procedimento:

- construa na lousa uma tabela com duas colunas e peça aos alunos para copiarem no caderno. No topo da primeira escreva "O Dia de Apoé" e no topo da segunda escreva "Meu Dia";
- peça aos alunos para preencherem as duas colunas com quatro informações sobre a história já trabalhada e com quatro informações sobre seu próprio dia a dia;
- determine um tempo para fazerem a atividade e, quando terminarem, estimule-os a ler o que escreveram sobre seu dia;
- pergunte aos alunos: "Que dia é mais longo: o de vocês ou o do indiozinho? Por quê?" (Deixe que discutam suas respostas, estimulando-os a perceber que, embora o dia de ambos tenha o mesmo número de horas, há diferentes formas de se sentir a passagem do tempo.

O Tempo

MEU DIA | DIA DE APOÉ

O Tempo

Atividade 23
Fazendo o caracol do tempo

Esta atividade auxilia:

• o conhecimento sobre como é marcada a passagem do tempo na história ocidental cristã;
• o contato com as siglas a.C. e d.C. para contar o tempo: de modo decrescente (a.C.) e crescente (d.C.);
• a sociabilidade.

Procedimento:

• leve para a classe e mostre aos alunos quatro cartelas com os seguintes marcos históricos: "4000 a.C. – surgimento da escrita"; "ano 1 d.C. – nascimento de Cristo"; "1500 d.C. – descobrimento do Brasil"; "2005 d.C. – atualidade". Explique aos alunos o significado das siglas a.C. e d.C. (antes de Cristo e depois de Cristo) e fale sobre a contagem do tempo histórico, decrescente até o nascimento de Cristo e crescente após essa data;
• num espaço aberto, peça aos alunos para darem as mãos formando um círculo. Você deverá pegar na mão de um deles e ajudá-los a formar um caracol;
• ao aluno a quem deu a mão, dê a cartela "4000 a.C."; alguns alunos mais à frente, escolha um para dar a cartela "1 d.C."; mais para o fim do caracol, escolha outro aluno para dar a cartela "1500 d.C."; ao último aluno, dê a cartela "2005 d.C.";
• explique aos alunos que o caracol formado por eles representa o tempo histórico ocidental cristão, por onde passaram todos os acontecimentos desde o início da escrita até os dias de hoje;
• faça na lousa o desenho do caracol do tempo tal como foi representado pelos alunos e peça que eles copiem no caderno.

O tempo histórico cristão ocidental tem início com a escrita, mas é contado de modo decrescente até o nascimento de Cristo. Essa marcação não é nada arbitrária, ela foi pensada no fim do Império Romano quando a Igreja passou a assumir um papel de destaque no ocidente europeu. A colonização europeia da África, Ásia e América, a partir do século XVI, estimulou a "globalização" da noção cristã ocidental de tempo histórico. Porém, muitos povos adotam outros marcos históricos (outros fatos importantes) para organizar sua cronologia: o calendário judeu está 3.761 anos à frente do nosso; a hégira, ou fuga de Maomé (o profeta do islamismo) de Meca para Medina, marca o início do calendário muçulmano, o que nos faz pensar quanto a periodização é expressão da cultura que o constrói e evidencia os valores nela presentes.

Atividade 24
Pesquisando sobre o tempo histórico

Esta atividade auxilia:

- a apreensão de alguns marcos fundamentais da história ocidental cristã;
- o conhecimento acerca das invenções;
- a sociabilidade.

Procedimento:

- divida os alunos em quatro grupos e peça que cada grupo pesquise sobre os seguintes temas:
  - as primeiras formas de escrita, os calendários, as pirâmides, o faraó, o Nilo;
  - as Olimpíadas, deuses gregos e romanos, Jerusalém, o Coliseu, os gladiadores;
  - as caravelas, a bússola, os navios negreiros, as especiarias;
  - o rádio, a televisão, o avião, a calça *jeans*, o computador.
- mostre-lhes no caracol do tempo, construído na atividade anterior, quando essas invenções ocorreram;
- cada grupo deverá trazer imagens e informações escritas sobre o tema pesquisado.

Atividade 25
Brincando de contar história

Esta atividade auxilia:

- a apreensão de alguns marcos fundamentais da história ocidental cristã;
- o conhecimento acerca das invenções;
- a sociabilidade.

Procedimento:

- peça aos alunos que se sentem em círculo e apresentem os resultados da pesquisa: peça para mostrarem as imagens coletadas e falarem sobre elas;
- a brincadeira consiste em: um aluno começa a contar a história das invenções ao longo do caracol do tempo, mas para quando você pede, e o que está do lado continua a contar a história do ponto em que o anterior parou, e assim sucessivamente até o último do círculo;
- a brincadeira fica mais divertida quando há pouco tempo para cada um desenvolver sua parte na narrativa.

Atividade **26**
Fazendo um painel da história

Esta atividade auxilia:

- a apreensão de alguns marcos fundamentais da história ocidental cristã;
- o conhecimento acerca das invenções;
- a sociabilidade.

Procedimento:

- peça aos quatro grupos que fizeram a pesquisa sobre as invenções para montarem, em uma cartolina, um painel com as imagens coletadas e com textos produzidos por eles;
- reserve um espaço da classe ou da escola para a exibição desses painéis.

Atividade 27
Eu e os outros

Esta atividade auxilia:

- o conhecimento do formato de um manual;
- o conhecimento de mundo;
- a leitura e a escrita coletivas;
- a criatividade.

Procedimento:

- distribua a cada aluno uma cartela onde se lê "Eu" e peça que eles escrevam seus respectivos nomes na cartela;
- agora distribua a cada aluno quatro cartelas onde se lê "Outros" e peça para eles refletirem sobre grupos com os quais convivem e escrever nessas cartelas (ex.: minha família, meus amigos do futebol, o pessoal da minha igreja etc.);
- peça-lhes para colarem as cartelas "Outros" em torno da cartela "Eu" e fazerem traços coloridos ligando "Eu" e "Outros".

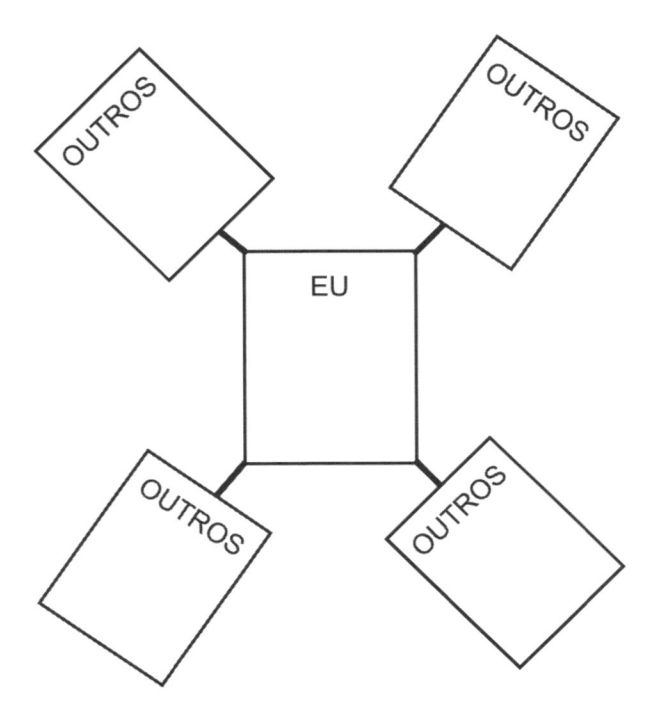

Atividade **28**
O nosso grupo na escola

Esta atividade auxilia:

- o desenvolvimento do conceito de grupos sociais;
- a percepção da identidade individual;
- a noção de pertencimento social.

Procedimento:

- pergunte aos alunos se eles, juntos, formam um grupo;
- peça-lhes, então, para colocarem todas as cartelas "Eu" juntas numa caixa onde se lê "Meu grupo";
- pergunte a eles o que todos os alunos dessa classe têm em comum e vá anotando na lousa as respostas;
- pergunte o que eles têm de diferente em relação aos outros alunos da escola e anote as respostas também na lousa.

Dentro de nosso grupo há diferenças

Esta atividade auxilia:

- o desenvolvimento do conceito de grupos sociais;
- a percepção da identidade individual;
- a noção de pertencimento social.

Procedimento:

- pergunte aos alunos quem torce por qual time, quem mora em que região, quem vem de carro e quem vem de ônibus para a escola, quem nasceu na cidade em que vivem e quem se mudou para ela;
- peça-lhes, então, para dividirem as cartelas "Eu" de acordo com o que possuem em comum e, numa cartela escrita "Subgrupo", anotem o nome de seu subgrupo (muitos alunos vão ficar em dúvida quanto ao pertencimento a um ou outro subgrupo, o que é importante para a atividade);
- pergunte a eles por que é tão difícil fazer essa subdivisão. Espera-se que percebam que a dificuldade está no fato de pertencerem a um grupo maior e na possibilidade de se identificarem em um aspecto com um colega e em outro aspecto com outro.

Grupos Sociais e Comunidade Local

Atividade 30
Redação: "Eu e os outros"

Esta atividade auxilia:

- o desenvolvimento do conceito de grupos sociais;
- a percepção da identidade individual;
- a noção de pertencimento social.

Procedimento:

- peça aos alunos para escreverem uma redação a partir da conversa sobre "Eu", "Meu grupo" e as "Diferenças no meu grupo";
- estimule-os a lerem suas próprias redações e a dos colegas quando todos finalizarem.

Nossa comunidade

Esta atividade auxilia:

- o desenvolvimento do conceito de comunidade;
- a reflexão sobre as diferentes profissões;
- a sociabilidade.

Procedimento:

- peça aos alunos para se dividirem em quatro grupos e entrevistarem duas pessoas que tenham profissões diferentes uma da outra;
- escreva na lousa e peça que eles anotem no caderno as perguntas que devem fazer:

> Com o que trabalha?
> Durante quantas horas por dia?
> O trabalho fica longe de casa?
> Que meio de transporte utiliza para ir para o trabalho?
> Em que bairro você mora?
> Sua casa fica perto de onde?
> O que gosta de fazer no tempo livre?
> Aonde vai quando quer se divertir?

- oriente os grupos a anotarem as respostas no caderno durante as entrevistas.

Atividade **32**
Representando a nossa comunidade

Esta atividade auxilia:

- o desenvolvimento do conceito de comunidade;
- a reflexão sobre as diferentes profissões;
- a noção territorial e do modo de vida de sua comunidade.

Procedimento:

- faça na lousa e peça que os alunos copiem um desenho tendo como ponto de referência central a escola;
- faça uma legenda com os alunos e escreva o nome das oito profissões pesquisadas (se houver repetição, escreva '1' e '2' ao lado da profissão);
- localize onde moram esses entrevistados em relação à escola e aos pontos de referência apresentados na entrevista;
- peça agora para os grupos fazerem um desenho numa cartolina que represente o dia a dia de seus entrevistados circulando pela cidade para trabalhar e para se divertir;
- cole os desenhos na classe para que todos possam ver.

Atividade 33
Quem é mais importante?

Esta atividade auxilia:

- o desenvolvimento do conceito de diferenças sociais;
- a reflexão sobre a importância das diferentes profissões para uma comunidade.

Procedimento:

- faça na lousa e peça que os alunos copiem, ou reproduza para seus alunos, o desenho abaixo;
- pergunte aos alunos: Qual dessas profissões é a mais importante? Por quê? E qual é a menos importante? Por quê? Anote as respostas na lousa;
- desenvolva com os alunos uma reflexão sobre o papel que cada uma dessas profissões ocupa na sociedade moderna, representada nessa comunidade.

jardineiro	pedreiro	dono de fábrica
lavadeira	dentista	catador de lixo
eletricista	professora	bombeiro
médico	prefeito	empregado doméstico
lixeiro	aposentado	desempregado

Como seria Quebra-Coco se...

Esta atividade auxilia:

- o desenvolvimento do conceito de diferenças sociais;
- a reflexão sobre a importância das diferentes profissões para uma comunidade.

Procedimento:

- escreva na lousa e peça aos alunos para anotarem no caderno a seguinte questão: Como seria Quebra-Coco se, de repente, desaparecesse:
  - – o médico;
  - – o lixeiro;
  - – o jardineiro;
  - – a professora.
- peça que respondam no caderno e, ao final da atividade, peça que leiam suas respostas.

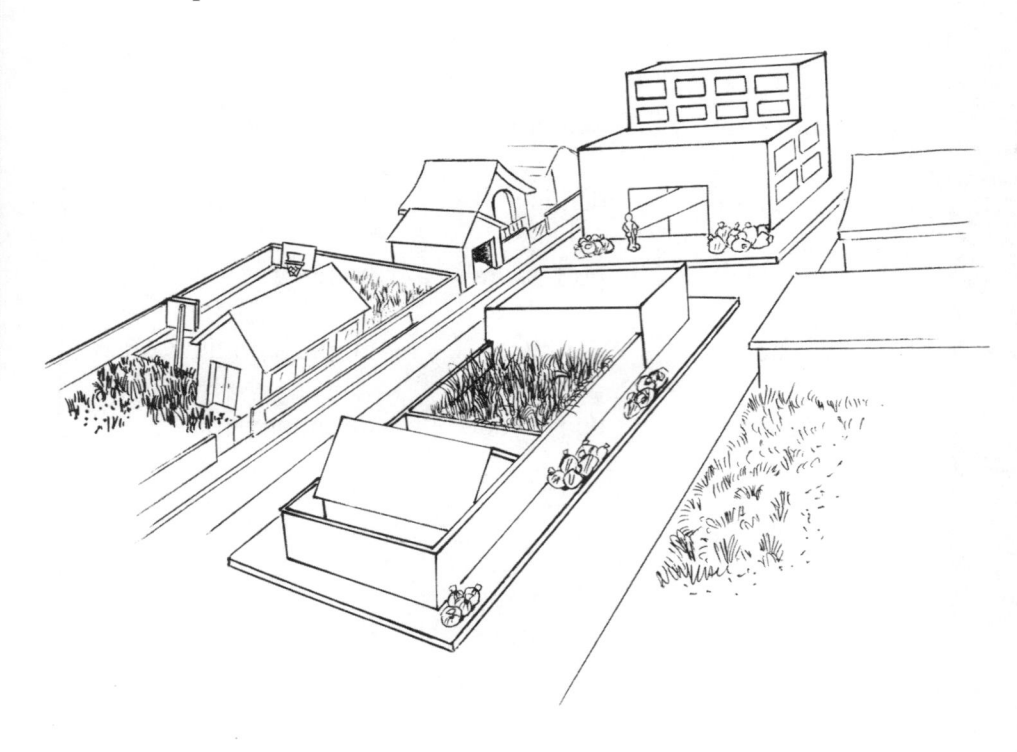

Antes e depois do *tsunami*

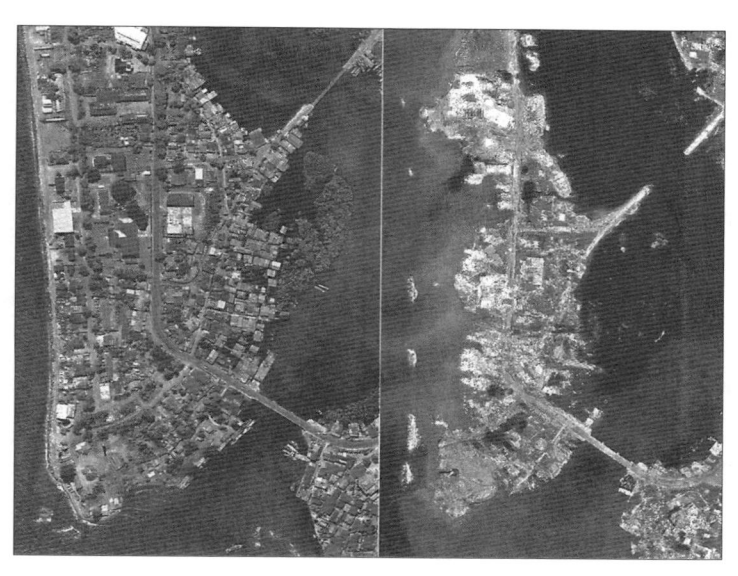

Segundo Simielli, "um mapa é uma representação, numa superfície plana, do todo ou de parte da superfície terrestre, de forma reduzida e selecionada". Um mapa é sempre uma visão de cima.

Esta atividade auxilia:

- a introdução do conceito de mapa;
- despertar a curiosidade sobre os fenômenos da natureza;
- a interligação entre o conhecimento escolar e os fenômenos naturais da atualidade.

Procedimento:

- mostre a fotografia tirada pelo satélite da uma região atingida pelo *tsunami* (onda gigante);
- faça comentários com os alunos sobre o "antes" e "depois" da passagem do *tsunami*;
- peça para que eles desenhem em uma folha de papel o mapa do lugar antes e depois do *tsunami*;
- peça para escrever um texto sobre como ficou o lugar.

Tsunami é uma palavra japonesa para designar maremotos. Um *tsunami* é uma série de ondas geradas por um distúrbio em uma grande massa de água, como o oceano, que forma uma coluna de água (uma onda de grandes dimensões). As causas dos *tsunamis* podem ser terremotos e erupções subaquáticas, assim como meteoritos – corpos celestes que se chocam com a Terra – podem provocar ondas gigantes.

Os Mapas

Desenhando um mapa imaginário

Esta atividade auxilia:

- a habilidade motora;
- a criatividade;
- a cooperação;
- o desenvolvimento da compreensão dos mapas.

Procedimento:

- leia ou conte a história de Gulliver (ver *Anexo*) para as crianças;
- divida a turma em grupos;
- distribua uma folha de papel-pardo para cada grupo;
- peça para desenharem um "mapa" dos três lugares (Lilliput, Blefuscu e Brobdingnag) na folha de papel-pardo;
- peça para traçarem uma linha no meio do papel de um lado a outro no sentido horizontal e vertical;
- estabeleça com os alunos os pontos do "mapa": norte (em cima), sul (embaixo), leste (à direita) e oeste (à esquerda).

Brincando com a rosa dos rumos no mapa imaginário

Esta atividade auxilia:

- a descontração do grupo;
- a percepção;
- a identificação da regra do jogo;
- a observação do sistema silábico.

Procedimento:

- peça para os alunos colocarem pontos dentro dos lugares;
- peça para fazerem a legenda (ponto = cidade);
- peça para os alunos utilizarem a rosa dos rumos da atividade anterior e darem localização (N, S, E, O) de cada lugar;
- peça que deem a direção de 5 cidades dentro de um lugar (Brobdingnag, por exemplo) utilizando os pontos colaterais (direções sudeste, nordeste, sudoeste e noroeste);
- exponha este trabalho no mural.

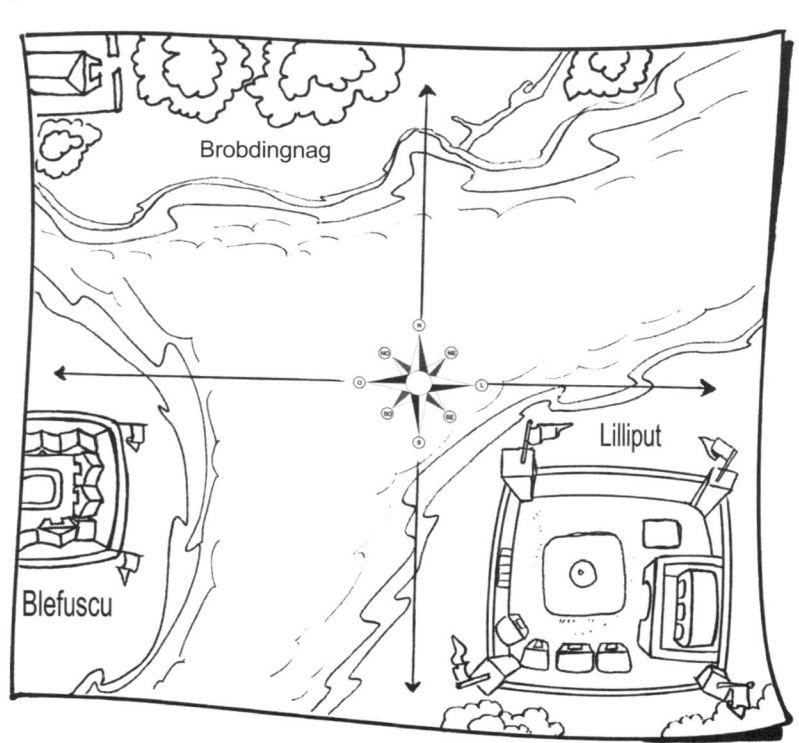

Os Mapas

Quebra-cabeça do mapa do Brasil

Esta atividade auxilia:

- coordenação motora;
- a memorização da localização dos Estados;
- o desenvolvimento da compreensão dos mapas.

Procedimento:

- forneça para as crianças um desenho do mapa do Brasil sem os nomes dos Estados;
- coloque o mapa do Brasil em um local bem acessível aos alunos para consulta;
- peça para os alunos pintarem os Estados do Brasil por região (cinco regiões);
- peça para os alunos colarem o mapa em um pedaço de cartolina;
- peça que recortem cada Estado;
- depois disso, peça que embaralhem os Estados recortados;
- em seguida, utilizando o tempo marcado pela ampulheta, peça que montem o mapa do Brasil;
- ganha a brincadeira quem montar o mapa todo certinho.

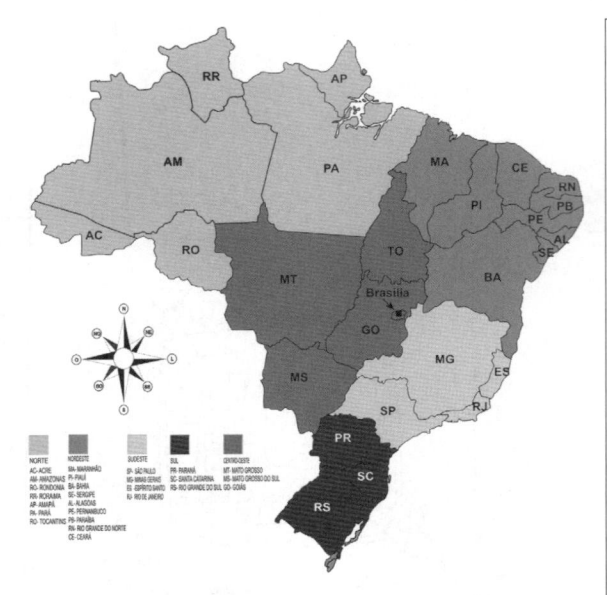

Em 1988, o Instituto Brasileiro de Geografia e Estatística (IBGE) dividiu o Brasil em cinco macrorregiões: Norte, Nordeste, Centro-Oeste, Sudeste e Sul. Elas foram definidas segundo uma combinação de características econômicas, demográficas e naturais. Cada região é composta por Estados ou Unidades da Federação e a ilha de Fernando de Noronha é um território que pertence ao Estado de Pernambuco.

Os Mapas

Atividade 39
O mapa

Esta atividade auxilia:

- o desenvolvimento das linguagens oral e escrita;
- a socialização;
- a percepção.

Procedimento:

- forneça para os alunos um mapa com os continentes da Terra;
- coloque em algum ponto acessível aos alunos um mapa-múndi;
- peça para pintarem os continentes da Terra com cores diferentes;
- peça que colem o mapa em uma cartolina;
- peça que recortem o mapa com pedaços de diferentes tamanhos;
- embaralhe os pedaços recortados;
- em seguida, utilizando o tempo da ampulheta, peça para montarem o mapa-múndi;
- ganha a brincadeira quem montar de forma correta todo o mapa.

Há 250 milhões de anos, os continentes atuais estavam unidos. Esse grande continente foi chamado de Pangeia – em grego quer dizer "terra única". A Pangeia, por sua vez, era formada pela junção da Laurásia e Godwana. Esses 2 blocos, em função dos movimentos originados no interior da Terra, fragmentaram-se dando origem aos atuais continentes.

O primeiro cientista a formular uma explicação sobre a Pangeia e a fragmentação dos continentes foi Alfred Wegener, quando propôs a teoria da Deriva Continental.

A comprovação dessa união encontra-se na presença de sedimentos (tilitos) de um mesmo período geológico em diferentes lugares. No Brasil, os tilitos estão presentes em São Paulo, Paraná, Santa Catarina e Rio Grande do Sul e, no mundo, esses sedimentos são encontrados no sul da África, na Índia, no sul da Austrália e por toda a Antártida.

É comum usarmos o termo Eurásia para designar a união da Ásia com a Europa.
Isso porque sob o ponto de vista físico a Europa não está "desunida" da Ásia; ou seja, a Europa é uma série de penínsulas grudadas à Ásia ou da Ásia.

No entanto, a Europa por ser o local de nascimento e disseminação da civilização e cultura ocidental cristã é considerada um "continente" à parte da Ásia. Esta, por sua vez, é composta por povos e nações, em sua maioria, com visões de mundo diferentes da ocidental.

Os Mapas

Atividade 40
Viajando pelo Brasil e pelo mundo

Esta atividade auxilia:

- o desenvolvimento das noções de pontos cardeais e colaterais;
- a criatividade e a cooperação;
- a memorização dos Estados brasileiros.

Procedimento:

- divida os alunos em grupos;
- forneça aos grupos um mapa do Brasil com todos os Estados e capitais;
- com a rosa dos rumos confeccionada pelos alunos, peça para cada grupo traçar um roteiro de viagem;
- peça que cada grupo exponha o seu roteiro de viagem aos outros colegas, dizendo: "Saímos da capital X, que fica localizada no ponto tal (leste, oeste, nordeste, sudeste etc.) do Brasil, e depois fomos para o ponto tal (leste, oeste, noroeste etc.) até o fim da viagem".

Quando o rio alaga

Esta atividade auxilia:

- a compreensáo do conceito de Geografia;
- a noçáo de formaçóes alagadas ligadas aos rios.

Procedimento:

- divida a turma em grupos;
- escreva no quadro e peça para copiarem no caderno o texto abaixo;
- peça para pesquisarem o sentido das palavras 'igarapé', 'igapó', 'lago', 'açude';
- pergunte-lhes se se trata de fenômenos ligados ao rio ou ao mar;
- comente o resultado das pesquisas com os alunos.

> Geografia é a divisão das águas.
> É igarapé, igapó, lago, açude, mar.
> É a medição da terra, a demarcação.
> É fotografia, desenho, cor, é um mapa.
> É descobrir e aprender o que há num mapa.
>
> *Cartilha de Geografia do*
> *Programa de Educação Indígena – CPI*

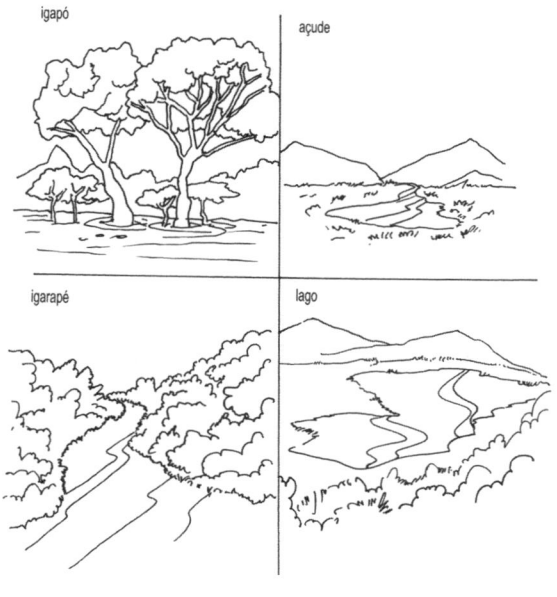

Os Mapas

Descobrindo o que há num mapa indígena I

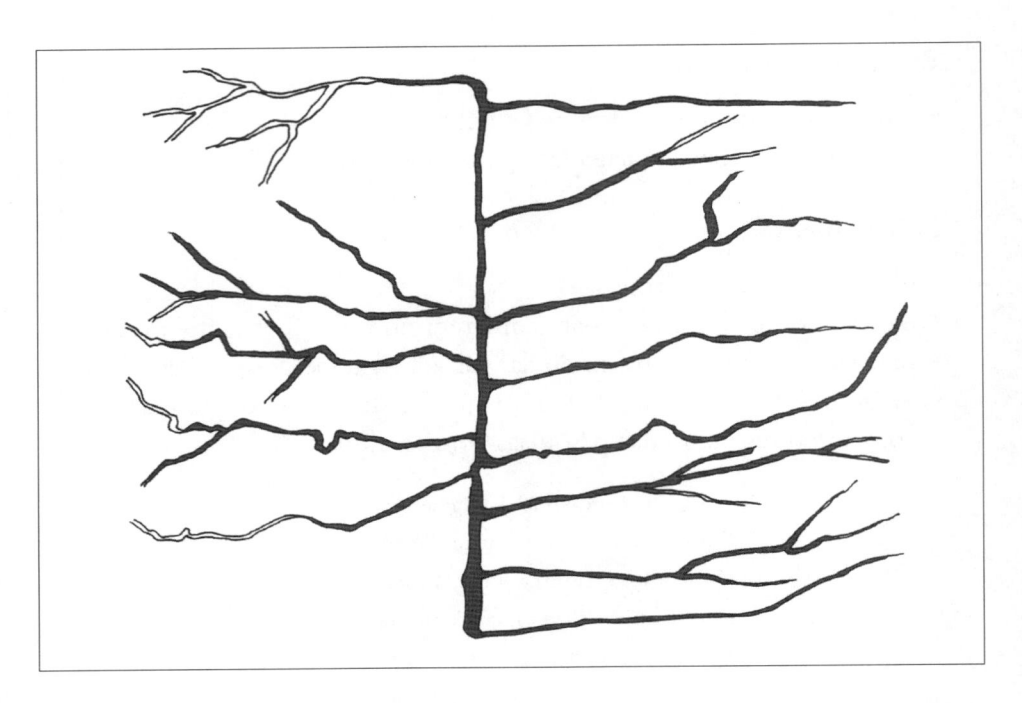

Esta atividade auxilia:

- a construção da ideia de bacia hidrográfica;
- a construção da ideia de nascente, afluente e desembocadura;
- o desenvolvimento da compreensão dos mapas.

Procedimento:

- divida a turma em grupos;
- distribua para cada grupo o mapa indígena "Nosso Povo";
- peça para identificarem o rio principal (maior e mais volumoso) e os rios secundários (menores e menos volumosos);
- peça para pintarem os rios de amarelo (rios barrentos);
- peça para identificarem onde os rios secundários nascem. Pergunte se esses lugares são altos ou baixos;
- discuta com os alunos se os rios, juntos, formam um conjunto, e qual é o nome desse conjunto (bacia hidrográfica).

Descobrindo o que há num mapa indígena II

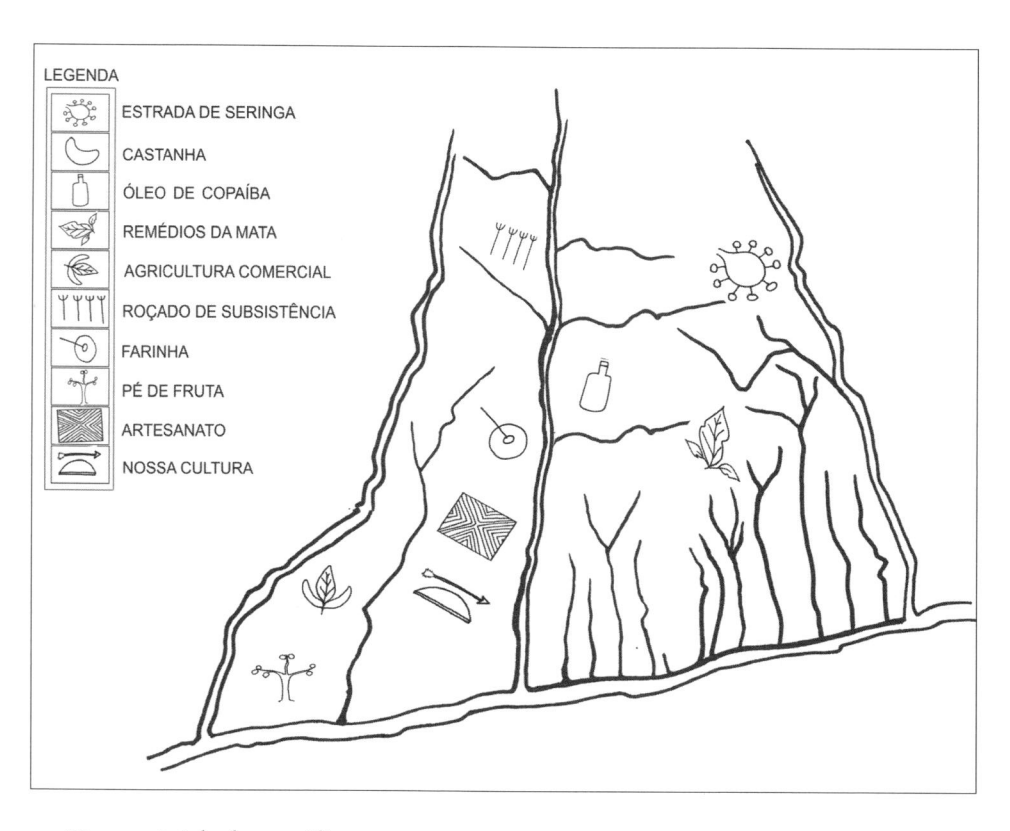

LEGENDA

- ESTRADA DE SERINGA
- CASTANHA
- ÓLEO DE COPAÍBA
- REMÉDIOS DA MATA
- AGRICULTURA COMERCIAL
- ROÇADO DE SUBSISTÊNCIA
- FARINHA
- PÉ DE FRUTA
- ARTESANATO
- NOSSA CULTURA

Esta atividade auxilia:

- a compreensão do modo de vida de uma nação indígena brasileira;
- a comparação desse modo de vida com o nosso;
- o desenvolvimento da compreensão dos mapas.

Procedimento:

- divida a turma em grupos;
- distribua para os alunos o mapa "Nosso dinheiro e sobrevivência";
- peça para identificarem, por meio da legenda, os locais de produção, de circulação e das ideias;
- peça para escreverem uma redação sobre o modo de vida dos kaxinawá.

Os Mapas

Descobrindo o que há num mapa indígena III

Esta atividade auxilia:

- a compreensão do modo de vida de uma nação indígena brasileira;
- o desenvolvimento da compreensão dos mapas;
- a noção de escala.

Procedimento:

- divida a turma em grupos;
- no mapa anteriormente apresentado, "Nosso dinheiro e sobrevivência", peça que os grupos calculem (utilizando a escala) quantos dias de caminhada os kaxinawá gastam para ir:
  – do local onde se fabrica o óleo de copaíba até a casa de farinha;
  – do local onde se produz o artesanato até o roçado de subsistência;
  – e assim sucessivamente.
- discuta com os alunos a multiplicidade de atividades de trabalho desenvolvidas por essa nação indígena brasileira e a importância da terra para sua sobrevivência.

Adaptado de *As viagens de Gulliver,* de Jonathan Swift

Olá, meus amigos! Lembram-se de mim?

Sou o Gulliver, nasci na Inglaterra, no século XVIII, e durante toda a minha vida fui apaixonado por viagens. Lembro que, desde muito jovem, naveguei por esses mares entre piratas e corsários, tempestades e calmarias, emoções e medos... como cirurgião de bordo. Vi as aventuras mais inacreditáveis, e que países estranhos conheci! Mas... querem realmente saber como tudo se passou? Pois bem, ouçam-me com muita atenção e verão como foi engraçado.

Vamos lá! Em uma de minhas viagens, o mar, que é traiçoeiro, levantou-se em tempestade. E o meu pobre veleiro, batido pelas ondas furiosas, primeiro virou, depois foi destruído, acabando por afundar. Da tripulação fiquei eu, só, boiando, perdido no meio daquela água escura e funda. Mas consegui me salvar!

Acordei na praia, e qual foi minha surpresa quando senti que estava preso ao chão; até o cabelo me tinham prendido, madeixa por madeixa, de forma que eu não pudesse sequer levantar a cabeça.

Que me acontecera? Uma sensação estranha abaixo dos joelhos obrigou-me a abrir os olhos, e o que vi? Um minúsculo homenzinho, de estatura inferior a um polegar, que avançava lentamente por mim de arco na mão. Percebo que este primeiro guerreiro vem seguido de mais trinta ou quarenta, que, depois de me escalarem os pés, se apresentam audazes e orgulhosos aos meus olhos.

O entendimento não foi fácil, mas os gestos sempre ajudam, e por eles percebi que me declaravam seu amigo... se eu me comprometesse a obedecer a suas ordens, claro.

Os meus pequenos leitores devem estar curiosos em saber como se chama esse misterioso local.

Pois bem, esse local, fora do nosso alcance, encontra-se nos confins da Terra. Seus habitantes, ao contrário dos gigantes, têm quatro dedos de altura e nunca dali saem.

Anexo

No mais, são em tudo iguais a nós: ocupações, aldeias, cidades, emoções e medos. Esse país tão longínquo chama-se Lilliput, e é governado por um rei.

No reino vizinho, separado de Lilliput pelo mar, o príncipe reinante preparara uma frota e armara um exército com o qual se dispunha a invadir o território dos meus amigos.

O soberano de Lilliput corre ao meu encontro, pula para a palma da mão e ali mesmo me anuncia com gravidade que a sorte de seu reino será negra se não houver ninguém capaz de aprisionar o exército inimigo.

A grande frota construída por barquinhos de brincar está formada; o inimigo avistou-me, mas, rápido como sou, consigo prender as amarras e arrastar todos os barcos para logo em seguida, com passadas rápidas, voltar para junto dos meus amigos, que, vendo a frota capturada, me saúdam felizes.

Em Blefuscu, a nação inimiga, todos choram desesperadamente, e tanto que eu não sei contar a vocês.

Recebo, entretanto, uma carta de Blefuscu, que abro com curiosidade. Imaginem o meu espanto quando venho a compreender que o soberano daquele reino (anão, como sabem) me convida, o gigante, a apresentar-me a sua augusta pessoa. O convite agradou-me muito e, uma vez que a guerra tinha acabado e os dois reinos viviam outra vez em paz, resolvi pedir a meu reizinho licença para partir.

Atravessei o mar no meio de peripécias incontáveis, e aqui estou enfim de visita a outro reino.

A convite do soberano, passo a vida a saltitar de cidades para aldeias, de aldeias para cidades desse reino longínquo. E a vida seria para mim um mar de rosas se não fossem as saudades que sentia da minha casa. Se ainda pudesse arranjar um barco emprestado... mas qual o quê! O maior que eles possuem nem sei, mas a mim talvez só me servisse de sapato!

Um belo dia, porém, e veio mesmo a calhar, apareceu um barco encalhado junto à costa. Olhando-me com seu ar condescendente, o rei me dá autorização para partir. Faço-me de novo ao mar e logo regresso ao meu país.

Por algum tempo, as incríveis aventuras que o destino me ofereceu mantiveram-me preso à minha terra bem-amada.

Mas os meses foram passando e, apesar de rodeado da família que me é tão querida, senti reacender-se em mim o desejo de voltar a navegar. Com este espírito de vagabundo, não consigo fixar-me e resolvi tornar a embarcar; desta vez para dar a volta ao mundo.

Navegar é muito bom, mas tínhamos perdido a rota, e foi com grande alegria que avistamos uma terra desconhecida. Lançamos âncora imediatamente, próxima à costa.

Olho para cima e vejo duas torres sobrepostas, tão altas que a cabeça, lá em cima, chega mesmo ao céu! As pernas não têm fim. Os braços são duas colunas e entre uns ombros enormes surge um rosto façanhudo de nariz monstruoso, uma boca enorme e um queixo horrível, cheio de verrugas.

Meio morto de medo, escapo como o vento, mas... daí a uns instantes, caio nas mãos do gigante. Apanha-me entre dois dedos e transporta-me para cima, que imagino que vou cair.

Aquela boca aberta denuncia a surpresa de quem acaba de descobrir que, apesar da estatura, sou um verdadeiro homenzinho.

Logo chega a filha do gigante. Com pena de mim, a menina me salvou daquela situação. Para que conheçam essa menina, sempre digo que é uma torre com nove anos de idade; costura com perfeição e é muito simpática. Trata-me, dá-me de comer e até se lembra, tão querida, de me pôr para dormir na caminha... da boneca. Depois, com aquelas mãozinhas delicadas, me cobre com uma enorme coberta, que é... seu lencinho de assoar o nariz.

Mas vamos falar um pouquinho desse reino desconhecido, mas hospitaleiro, que me abriu as portas da corte.

Chama-se Brobdingnag, um nome estranho, e lá só vivem gigantes. O soberano tem poderes absolutos sobre seus dedicados súditos, que, não sendo uns tratantes, parecem, no entanto, uns grandes idiotas. Só pensam em festas; os soldados, se há coisa que nunca lhes passou pela cabeça foi certamente a ideia de um dia terem de ir à guerra. E ainda bem, para nossa felicidade. Porque, com um tamanho daqueles, qualquer carícia faria desmoronar um castelo, um exército inimigo ficaria reduzido a nada! Enfim, o que seria dos cinco continentes da Terra?

Um belo dia, eu estava na minha casinha dormindo tranquilamente, quando sou acordado por um ruído estridente, que me atordoa. Que aconteceu, afinal? É fácil de explicar: um pássaro gigantesco prendeu as garras ao aro da minha casa, que ia agora pelos ares, para logo em seguida largá-la em pleno voo! Agarrado à janelinha, vejo a casa cair e o mundo pequenino lá embaixo ir aumentando aos meus olhos. Por sorte, a minha casinha fica ao sabor das ondas, até que um navio me vem recolher.

Era um navio inglês que, por felicidade, me avistara quando caía ao mar e agora me leva, em alegre companhia, de volta à minha terra e à minha gente.

Bibliografia

ALMEIDA, Rosângela D. *Do desenho ao mapa*: iniciação cartográfica na escola. São Paulo: Contexto, 1991.

_____; PASSINI, Elza Y. *O espaço geográfico*: ensino e representação. São Paulo: Contexto, 1991.

AMADO, Janaína; FIGUEIREDO, Luiz Carlos. *Medo e vitória nos mares*. São Paulo: Atual, 1998.

ECO, Umberto; BONAZZI, Marisa. *Mentiras que parecem verdades*. São Paulo: Summus, 1980.

NOVAES, Adauto (Org.). *A descoberta do homem e do mundo*. São Paulo: Companhia das Letras, 1998.

PAGANELLI, Tomoko Iyda *et al. Estudos sociais*: teoria e prática. Rio de Janeiro: Access, 1993.

SANTOS, Douglas *et al. Geografia, ciência do espaço*: o espaço mundial. São Paulo: Atual, 1987.

SANTOS, Milton. *Por uma geografia nova*. São Paulo: Hucitec, 1990.

SÃO PAULO. *Pátria amada esquartejada*. São Paulo, Secretaria Municipal de Educação, 1992.

SCHMIDT, Mario. *Nova história crítica do Brasil*: 500 anos de história malcontada. São Paulo: Nova Geração, 1997.

SCHWARCZ, Lilia Moritz (Curadora). *Em torno de Zumbi*: catálogo. São Paulo: Departamento de Antropologia da FFLCH-USP; Estação Ciência, 2000.

_____(Org.). *História da vida privada no Brasil*. São Paulo: Companhia das Letras, 2000. v. 4.

SIMIELLI, Maria Elena Ramos. *Como entender e construir*. São Paulo: Ática, 1997. (Primeiros Mapas).

_____. *Geoatlas*. São Paulo: Ática, 2000.

MÁRCIA NOÊMIA nasceu no Rio de Janeiro. Graduou-se em Geografia na Universidade Federal Fluminense — UFF — e fez Mestrado em Educação na Universidade do Estado do Rio de Janeiro — Uerj. É professora da Escola Pública há vinte anos. Trabalhou com a Formação de Professores de Geografia e, desde 2001, trabalha com a Formação de Professores das Séries Iniciais.

As atividades que apresenta neste livro têm como fonte de inspiração as suas brincadeiras de infância, os desenhos feitos por seus filhos (Januária, Lúcio e Mani), as músicas cantadas para eles e as perguntas inquietantes de seus alunos.

IALÊ FALLEIROS sempre gostou da escola. Talvez, por isso, tornou-se professora, para estar sempre perto da confusão saudável do recreio e da sede de aprender das crianças na sala de aula.

Ela nasceu em Ribeirão Preto, SP, onde estudou até ir para a Universidade Estadual de Campinas — Unicamp. Lá se formou em História e, depois de dar aulas por alguns anos no Ensino Fundamental e Médio, fez Mestrado em Educação na Universidade Federal Fluminense — UFF —, estudando os PCNs. Concluiu em 2004, e hoje leciona para alunos do Ensino Fundamental no Rio de Janeiro.

Está contente com a oportunidade de escrever para colegas professores e espera que as atividades desenvolvidas neste livro os ajudem a ter boas ideias para trabalhar com seus alunos.